DE

L'EXPERTISE CONTRADICTOIRE

ET DE

LA CONTRE-VÉRIFICATION

DE

L'EXPERTISE CONTRADICTOIRE

ET

DE LA CONTRE-VÉRIFICATION

EN MATIÈRE DE RÉCLAMATIONS

SUR CONTRIBUTIONS DIRECTES ET TAXES ASSIMILÉES.

Prix : 1 franc.

PARIS

IMPRIMERIE ET LIBRAIRIE ADMINISTRATIVES
DE PAUL DUPONT
41, RUE JEAN-JACQUES-ROUSSEAU (HÔTEL DES FERMES)

1876

on est fondé à penser que la notification de la nomination de l'expert de l'administration, avec ses nom et qualité, doit être faite au réclamant, au moins au moment où il est convoqué par le contrôleur à l'expertise, afin qu'il puisse avoir le temps de se renseigner pour présenter sa récusation, s'il y a lieu. En ne lui faisant cette notification qu'au jour de l'expertise, on s'exposerait à recevoir une déclaration de récusation qui ne pourrait manquer d'occasionner, dans la circonstance, de grands inconvénients, puisqu'elle se produirait au moment même où il s'agirait de procéder aux opérations de l'expertise. Cette déclaration de récusation devrait, dans tous les cas, être inscrite au procès-verbal, pour y produire les effets suivants : Ou de faire surseoir à l'expertise, si l'on jugeait la récusation sérieuse, afin de mettre à même le conseil de préfecture de se prononcer sur sa valeur; ou de faire passer outre, en exposant les motifs qui engagent à prendre cette détermination.

Peuvent être nommés experts de l'administration :

Les agents voyers ou autres préposés de l'administration (*Rec. off.*, 1153, *Sarget*, *14 juin* 1861) ;

Un conducteur des ponts et chaussées ou autres préposés de l'administration (*Rec. off.*, 2447, *Linassier*, *7 novembre* 1873) ;

Un conseiller municipal (*Rec. off.*, 2490, *Guillemot*, *18 juillet* 1873) ;

Le secrétaire de la mairie (*Bull. Dup.*, *29 mai* 1860, *Loste*) ;

Un vérificateur des poids et mesures ou tout agent d'un service public (*Rec. off.*, 464, *Othon*, *5 octobre* 1857) ;

L'architecte de la commune (*Rec. off.*, 113, *Maze*, *27 décembre* 1854) ;

Le même expert qui a déjà donné son avis sur une réclamation semblable, présentée deux années de suite par le même contribuable (*Rec. off.*, 1145, *Clavier*, *19 décembre* 1861) ;

La personne qui n'a pas été formellement constituée mandataire de la partie. (*Rec. off.*, 2381, *René et Mascarel*, *8 août* 1873.)

Ne peut être désigné comme expert par le réclamant : le mandataire ou fondé de pouvoirs qui a été constitué par lui pour, en son lieu et place, présenter la réclamation et en suivre les différentes phases de l'instruction et du jugement. (*Rec. off.*, 2380, *Tenneguin par Piedoye*, *14 février* 1872.)

Considérant, dit l'arrêt, que le sieur Piedoye, constitué mandataire par le réclamant pour suivre en son lieu et place l'instruction de sa demande, provoquer l'expertise s'il le jugeait nécessaire, présenter des observations orales devant le conseil de préfecture et se pourvoir devant le conseil d'État, ne pouvait en même temps être désigné comme expert pour éclairer le conseil de préfecture sur la valeur des prétentions de la partie qu'il représentait ; qu'il y a entre ces deux situations *une incomptabilité absolue* ; qu'ainsi l'administration était fondée à soutenir que le sieur Piedoye ne pouvait prendre part à l'expertise par suite de sa qualité de mandataire du requérant.

Un expert récusé par arrêté du conseil de préfecture n'est pas recevable à attaquer cet arrêté devant le conseil d'État. (*Rec. off.*, 2382, *Piedoye*, *13 juin* 1873.)

Les pourvois devant le conseil d'État n'étant pas suspensifs, l'expert récusé, même indûment par le conseil de préfecture, n'a pas qualité, tant que la décision qui le récuse n'a pas été réformée, pour prendre part comme expert aux opérations de l'expertise, ni pour être compris dans le règlement des frais d'expertise. (*Rec. off.*, 2493, *Piedoye*, *12 juin* 1874.)

Le réclamant qui n'a fait valoir aucune récusation devant le conseil de préfecture contre l'expert de l'administration, ne peut former directement une demande de récusation devant le conseil d'État. (*Rec. off.*, 2381, René et Mascarel, 8 août 1873.)

Quand les experts se sont bornés à constater au procès-verbal la récusation présentée par le réclamant contre l'expert de l'administration, et qu'il n'ont pas donné leur avis sur l'objet qui est en litige dans la réclamation, le conseil de préfecture ne peut valablement statuer. (*Rec. off.*, 1145, *Clavier*, *19 décembre* 1861.)

C'est avec raison que le conseil de préfecture a récusé comme expert le mandataire du réclamant et a désigné d'office un autre expert pour procéder dans l'expertise, comme expert dudit réclamant. Ce dernier ne peut donc être fondé, alors qu'il s'est opposé à ce qu'il soit procédé à l'expertise dans ces conditions, à se prévaloir devant le conseil d'État de l'omission de cette formalité, et c'est à *bon droit* que le conseil de préfecture a passé outre au jugement du fond (*Rec. Leb.*, *Connin-Douine*, 5 *décembre* 1873). Mais il faut qu'il soit établi par l'instruction que l'expert ainsi récusé a reçu un mandat régulier pour réclamer aux lieu et place du contribuable ; sans cela, il n'y a pas lieu à récusation et l'expertise est irrégulière. (*Rec. off.*, 2449. *Delommais, 6 février* 1874.)

CHAPITRE VI. — *Fixation du jour de l'expertise.*

Le contrôleur fixe le jour où il se rendra sur les lieux pour procéder à la vérification demandée. Il en prévient au moins dix jours à l'avance les deux experts, le réclamant et le maire de la commune. Il fait connaître au réclamant qu'il a la faculté d'assister aux opérations des experts ou de s'y faire représenter par un fondé de pouvoirs, et il invite le maire à faire désigner par les répartiteurs deux d'entre eux pour être aussi présents aux mêmes opérations, dans le cas où il s'agit des contributions foncière, personnelle et mobilière, des portes et fenêtres et des *taxes assimilées,* telles que : *biens de mainmorte, prestations, chevaux et voitures, chiens.* Le maire ou l'adjoint seul assiste pour la contribution des patentes, pour les *taxes sur les billards, sur les cercles.* (*Résumé du* 10 *mai* 1849, *art.* 64.)

Aux termes de l'article 23 de la loi du 2 messidor an VII, l'administration fixe, lorsqu'il y a lieu de procéder à une expertise, le jour et l'heure de la descente des experts sur les lieux et doit en prévenir les experts ainsi que le réclamant *dix jours* au moins à l'avance. Prévenu le 15 par une lettre reçue le 16 que l'expertise aurait lieu le 25, le réclamant qui d'ailleurs, ainsi que son expert, a refusé de participer aux opérations de l'expertise qui ont été exécutées par le seul expert de l'administration, est fondé à soutenir que par suite de l'inobservation du délai fixé par la disposition de loi ci-dessus rappelée, l'arrêté attaqué doit être annulé comme ayant été rendu après une expertise irrégulière. (*Rec. off.*, 2445, *Bernard, 9 janvier* 1874.)

Il y a lieu à nouvelle expertise, quand il est prouvé que le réclamant, alors même que le jour de l'opération aurait été exactement indiqué dans les lettres envoyées aux experts, n'a pas eu connaissance du jour où l'on a procédé à une expertise sur sa réclamation ou qu'il n'a reçu qu'un avis inexact du jour, et qu'il n'a pas été ainsi mis en demeure d'assister à cette opération ou de s'y faire représenter. (*Rec. off.*, 766, *Doré, 20 juillet* 1859.)

Les notifications du jour de l'expertise, exigées par la loi, peuvent être valablement faites au domicile du réclamant, alors même qu'il aurait élu domicile chez un mandataire, attendu qu'aucune disposition de loi n'oblige l'administration à faire ces notifications audit mandataire. (*Rec. off.*, 2383, *Connin-Douine, 8 août* 1873.)

Le réclamant n'est pas fondé à se plaindre de ce que l'expertise n'a pas lieu, lorsque c'est par sa faute que le contrôleur et l'expert de l'administration, en se présentant au domicile du réclamant et en trouvant porte close, ont été mis dans l'impossibilité de procéder à l'expertise. (*Rec. off.*, 2379, *Jousserand, 30 mai* 1873.)

CHAPITRE VII. — *Forme de l'expertise.*

Les expertises auxquelles il est procédé sur les demandes en décharge ou réduction de contributions directes et des taxes assimilées ont été assujetties à des formes spéciales, en vue d'assurer à peu de frais la prompte expédition des affaires de cette nature, et, dans ce double but, aucune disposition de la loi du 2 messidor an VII, de l'arrêté du 24 floréal an VIII et de la loi du 21 avril 1832, n'oblige les experts à prêter serment avant de procéder à leurs opérations, et dans l'espèce, entre les mains du secrétaire général. (*Rec. off.*, 1686, *Benoît, 3 juin* 1865, *et Bull. Dupont*, 1371, *Benoît, 23 mai* 1873.)

Les agents des contributions directes ne sont pas tenus de prêter serment avant de procéder aux vérifications ordonnées par les tribunaux administratifs. Dans l'espèce, le conseil a excédé ses pouvoirs en ordonnant que l'inspecteur ou le contrôleur désigné pour opérer une nouvelle vérification, prêterait un serment préalable entre les mains de l'un des membres du conseil. (*Rec. Leb.*, 21 *novembre* 1871, *Cancalon.*)

Aucune disposition législative n'oblige les experts à entendre les témoins que le réclamant aurait manifesté l'intention de citer, lorsqu'ils se croient suffisamment éclairés par les faits soumis à leur appréciation. (*Rec. off.*, 2237, *Clouzet, 12 mars* 1870.)

CHAPITRE VIII. — *Assistance du réclamant ou de son fondé de pouvoirs et de son expert.*

L'expertise a lieu aux jour et heure indiqués par le contrôleur. Si le réclamant ou son fondé de pouvoirs ne se présente pas, il est fait mention dans le procès-verbal de leur convocation et de leur absence, et il est passé outre. (*Résumé du 10 mai 1849, art. 65.*)

Un contribuable qui, ayant eu connaissance du jour où l'on devait procéder à l'expertise par lui demandée, s'est abstenu d'assister à l'opération ou de s'y faire représenter, n'est pas fondé à demander qu'il soit procédé à une nouvelle expertise. (*Rec. Leb.,* 8 *mai* 1866, *Corbin.*)

N'est pas fondé à se plaindre que l'expertise n'a pas été *contradictoire,* un réclamant qui, informé du jour de l'opération, ne s'est pas présenté, non plus que son expert, au lieu indiqué (*Rec. off.,* 2040, *Sarrabayrousse,* 21 *août* 1868), sans empêchements sérieux et par un simple effet de leur volonté. (*Rec. off.,* 1687, *Corbin,* 8 *mai* 1866.)

N'est pas valable, l'expertise faite en l'absence du réclamant et de son expert, lorsque ces derniers ont prévenu le contrôleur qu'ils étaient dans l'impossibilité, par suite de la maladie subite de l'un d'eux dûment constatée, d'assister aux opérations au jour indiqué (*Rec. off.,* 372, *Grand,* 10 *septembre* 1856). Dans ces circonstances, si un autre jour ne pouvait être désigné, il aurait dû être nommé d'office, par le conseil, un nouvel expert du réclamant (*Rec. off.,* 1519, *Augé,* 9 *septembre* 1864) ou, ce qui est mieux, il convenait de mettre le réclamant en demeure de désigner un autre expert, et, à défaut de désignation de sa part, de recourir à la nomination d'office. (*Rec. off.,* 1517, *Chem. de fer* P. L. M. 17 *août* 1864.)

Un réclamant ne peut attaquer l'expertise qu'il a provoquée, par la raison qu'elle aurait été terminée en l'absence de son fondé de pouvoirs, si ce dernier a assisté au commencement des opérations et s'est absenté volontairement. (*Rec. off.,* 1518, *Chem. de fer* P. L. M. 17 *août* 1864.)

Le fait, par un réclamant ou son expert, de s'être retiré avant la fin de l'expertise, n'est pas de nature à vicier l'opération. (*Rec. off.,* 1335, *Lavocat,* 17 *décembre* 1862.)

Un contribuable qui s'est retiré avant la fin d'une expertise qu'il a provoquée, et à laquelle il a été procédé régulièrement, n'est pas fondé à en demander l'annulation, parce qu'il s'est retiré, ainsi que son expert, avant la fin de l'opération. (*Rec. off.,* 1146, *Romé,* 24 *juin* 1861.)

CHAPITRE IX. — *Assistance et coopération du maire ou de répartiteurs.*

Si le maire ou les répartiteurs ne se présentent pas, il est fait mention dans le procès-verbal de leur convocation et de leur absence, et il est passé outre. (*Résumé du 10 mai 1849, art. 65.*)

Quand, conformément à l'article 23 de la loi du 2 messidor an VII, la commission des répartiteurs a été prévenue dix jours au moins à l'avance, en la personne du maire, du jour et de l'heure auxquels il sera procédé à l'expertise, et qu'elle a désigué deux de ses membres pour y assister, il ne résulte pas des termes de l'article 25 de la même loi, que la présence des répartiteurs soit exigée, sous peine de nullité de l'expertise. Si les deux répartiteurs ou l'un d'eux ne se présentent pas aux jour et heure indiqués pour la descente des experts, ceux-ci n'en doivent pas moins, nonobstant l'absence des non-comparants, procéder à l'expertise. (*Rec. Leb.*, 26 *janvier* 1870, *Ve Pradel.*)

La circonstance que le maire et les répartiteurs n'ont pas assisté à l'expertise n'est pas de nature à vicier l'opération, si d'ailleurs l'autorité municipale a été régulièrement informée du jour et de l'heure à laquelle l'expertise devait avoir lieu. (*Rec., off.*, 1335, *Lavocat*, 17 *décembre* 1862.)

S'il arrivait que des termes de comparaison, cités par le réclamant, ne fussent pas imposés dans la proportion générale, les répartiteurs pourraient en proposer d'autres, et les experts seraient tenus de les visiter et de les estimer. (*Résumé du 10 mai 1849, art.* 68.)

Le contrôleur consigne exactement au procès-verbal les observations du maire ou des répartiteurs. (*Résumé du 10 mai 1849, art.* 69.)

Les répartiteurs, n'étant pas appelés à prendre part à l'assiette d'un impôt de quotité, tel que la patente, ne doivent pas assister à l'expertise qui a lieu touchant un impôt de cette nature. (*Rec. off.*, 463, *Marcoul*, 24 *juin* 1857.)

Le maire et les répartiteurs se conforment aux dispositions des articles 5 et 10 de l'arrêté du 24 floréal an VIII, d'après lesquels ils ne font qu'assister à l'expertise sans être appelés à donner leur avis. (*Rec. off.*, 2239, *Mazoyer*, 25 *mars* 1870.)

CHAPITRE X. — *Travail des experts.*

Les experts doivent s'attacher à vérifier exactement les bases de cotisations contestées; ils ne rempliraient pas leur mission s'ils se bornaient à émettre une simple opinion sur le mérite de la réclamation : cette opinion doit être appuyée sur la constatation des faits. (*Résumé du 10 mai 1849, art. 66.*)

Dans aucun cas, les experts ne peuvent, quels que soient les notions et les documents qu'ils possèdent, se dispenser d'aller sur les lieux et de visiter les objets soumis à leur appréciation (*Résumé du 10 mai 1849, art. 67*). Toutefois, dans une question de prestations où il s'agissait de déterminer si un membre et un serviteur de la famille étaient ou non imposables, le conseil d'État a déclaré, le 23 mai 1873 (*Benoît, Bull. P. Dupont*, n° 1371) que les experts s'étaient réunis à la mairie en présence du contrôleur, de deux répartiteurs et du réclamant, avaient pu ainsi procéder valablement à la discussion des faits dont la vérification leur était confiée, sans se transporter au domicile même du réclamant chez lequel n'habitaient plus depuis plusieurs mois les personnes qui faisaient l'objet de la réclamation.

Est irrégulière et entachée de nullité l'expertise opérée sans que l'établissement ait été visité. En effet, il résulte des termes de l'article 24 de l'arrêté du 24 floréal an VIII, que les experts désignés pour apprécier la demande doivent se rendre sur les lieux avec le contrôleur et vérifier les revenus de l'immeuble imposé, ainsi que les différents immeubles pris pour points de comparaison. Dans l'espèce, l'expert nommé par l'administration s'était refusé à visiter l'établissement du requérant, et ce dernier se plaignait de ce que le conseil n'avait pas eu égard à la récusation qu'il avait présentée contre cet expert, avec lequel il était en procès au moment de l'expertise. (*Rec. off.*, 1688, *Pascal, 5 juillet* 1865.)

Lorsqu'un contribuable, qui réclame une réduction de sa cote mobilière, a indiqué pour termes de comparaison les habitations d'autres contribuables, les experts ne peuvent se dispenser d'apprécier la valeur locative de ces habitations et d'examiner si elle a été établie d'après les éléments autorisés par la loi. (*Rec. off.*, 261, *Demenu, 8 août* 1855.)

Si le réclamant n'indique plus, au moment de l'expertise, pour servir de termes de comparaison, qu'une partie seulement des propriétés qu'il avait désignées dans sa demande primitive (9 maisons sur 15), il ne peut être fondé à se plaindre, ultérieurement, alors surtout qu'il était présent à l'opération, de ce que l'expertise n'a porté que sur les propriétés désignées par lui en dernier lieu. (*Rec. off.*, 462, *Pouzergues, 29 juillet* 1857.)

Quand il s'agit d'un rappel à l'égalitép roportionnelle, le réclamant a le droit, d'après l'article 11 de l'arrêté du 24 floréal an VIII, de désigner des cotes pour être comparées avec la sienne; mais l'administration peut, de son côté, indiquer et faire entrer dans l'expertise d'autres points de comparaison, pour arriver à faire apprécier la cote du réclamant par rapport à la masse des autres contribuables de la commune, conformément à la loi. (*Réc. off.*, 578, *Durand-Foujols, 5 janvier* 1858, *et Rec. Leb., Piccot, 9 mai* 1873.)

Un réclamant qui a assisté à l'expertise à laquelle a donné lieu sa réclamation et qui en a signé le procès-verbal sans exprimer aucune protestation ni réserve sur la manière dont elle a été faite, n'est pas fondé à demander l'annulation de l'expertise, par le motif que le contrôleur se serait refusé à prendre les termes de comparaison indiqués par lui. (*Rec. off.*, 2446, *Delettre, 6 mars* 1874.)

S'il arrivait que les termes de comparaison cités par le réclamant ne fussent pas imposés dans la portion générale, les répartiteurs présents à l'expertise pourraient en proposer d'autres, et les experts seraient tenus de les visiter et de les estimer, sans pouvoir, dans aucun cas, se dispenser de visiter et d'estimer aussi les termes de comparaison désignés par le réclamant. (*Résumé du 10 mai* 1849, *art.* 68.)

Les réclamants doivent, en vertu de l'arrêté du 24 floréal an VIII, indiquer pour termes de comparaison, quand il s'agit d'une réclamation en réduction de contribution mobilière, des immeubles soumis à ladite contribution; mais le droit, conféré par la loi aux contribuables qui se prétendent surtaxés, d'indiquer des points de comparaison dans le rôle de la même année, n'exclut pas, pour les répartiteurs, gardiens de l'égalité proportionnelle dans la commune, le droit de demander que la valeur locative des habitations prétendues surtaxées soit comparée avec celles de la généralité des habitations de la commune, et, par suite, de désigner, comme

termes de comparaison, des immeubles autres que ceux indiqués par les réclamants. (*Rec. off.*, 2142, *Cabissole*, 7 *août* 1869.)

Les rôles étant annuels, les répartiteurs ont pu, dans le but d'établir une proportion plus égale entre les contribuables de la commune, réviser les loyers qui doivent servir de base à la répartition individuelle, quand ces loyers leur paraissent susceptibles d'être révisés. (*Rec. off.*, 2257, *Thevenin*, 31 *mars* 1870.)

Si les experts doivent, d'après l'article 18 de l'arrêté du 24 floréal an VIII et l'article 29 de la loi du 21 avril 1832, examiner les points de comparaison choisis par les réclamants, ils ne sont pas tenus de borner leurs recherches aux points indiqués par eux : ils peuvent les étendre à d'autres éléments, afin d'arriver à une appréciation exacte. (*Rec. off.*, 2240, *Daudée*, 24 *novembre* 1869.)

A été annulé l'arrêté par lequel un conseil de préfecture avait décidé, sur une demande en rappel à l'égalité proportionnelle concernant la contribution mobilière, que, d'après l'article 11 de l'arrêté du 24 floréal an VIII, il n'était pas permis de prendre d'autres termes de comparaison que ceux indiqués par le réclamant, bien qu'ils s'écartassent du taux moyen des loyers inscrits sur la matrice de rôle. (*Circulaire n° 98, 1er arrêt.*)

Un conseil de préfecture avait réduit la contribution mobilière d'un contribuable, contrairement à l'avis des agents des contributions directes, et, bien que le réclamant ait refusé de recourir à l'expertise, il s'était appuyé sur ce qu'une réduction avait été prononcée pour l'année antérieure et que la position n'avait pas changé ; son arrêté a été annulé. (*Circulaire n° 98, 3e arrêt.*)

Lorsque les experts ont visité et estimé, outre les maisons citées par le réclamant, un nombre égal de termes de comparaison choisis par eux d'un commun accord dans un nombre plus grand proposé par les répartiteurs, ils peuvent, sans commettre une irrégularité de nature à faire annuler l'opération, refuser de porter leur vérification sur plusieurs autres maisons désignées par les répartiteurs. (*Rec. off.*, 1689, *commune de Callac contre Philippe*, 1er *février* 1866.)

Le requérant ayant soutenu au moment de l'expertise, qu'il n'y avait pas lieu à comparer son habitation à celles d'autres contribuables, et qu'il ne devait être tenu compte, pour régler sa contribution mobilière, que du bail authentique qu'il produisait, et cette opinion ayant été également soutenue par son expert, c'est avec raison que l'expert de l'administration a dû procéder seul, et il a procédé régulièrement à l'évaluation de la valeur locative de l'habitation du réclamant, en la comparant à celle de plusieurs autres contribuables, et notamment à quelques-unes de celles indiquées dans la réclamation elle-même. (*Rec. off.*, 2377, *Pons*, 18 *juin* 1872.)

On ne saurait contester au réclamant le droit de recourir à une vérification par voie d'experts, lorsqu'il attaque l'exactitude de la proportion existant entre le revenu net et le revenu matriciel de sa maison, quand même cette proportion aurait été admise pour régler le revenu matriciel d'autres maisons de la commune. (*Rec. off.*, 1039, *Godin, Prévost et de Brives*, 31 *août* 1860.)

Aux termes de l'article 9 de la loi du 25 avril 1844, la valeur locative de patente devant être déterminée, soit au moyen de baux authentiques, soit par comparaison avec d'autres locaux dont le loyer aura été régulièrement constaté ou sera notoirement connu, et à défaut de ces bases, par voie d'appréciation, c'est avec raison que les experts ont écarté, parce que le loyer n'avait été déterminé que par appréciation, les locaux désignés par le requérant comme termes de comparaison, et leur ont substitué des locaux dont le loyer était établi par des baux réguliers. (*Bull. P. Dup.*, de 1874, *Guillemot*, 3 *juillet* 1873.)

CHAPITRE XI. — *Rédaction du procès-verbal.*

Le contrôleur doit, de son côté, provoquer toutes les vérifications et explications nécessaires pour rendre l'instruction complète et faire apprécier sur tous les points le mérite de la demande (*Résumé du* 10 *mai* 1849, *art.* 69). Il rédigera un procès-verbal des dires des experts et y joindra son avis (*Arrêté du* 24 *floréal an* VIII, *art.* 6). Il y consignera exactement les dires des experts, les observations du maire ou des répartiteurs et du réclamant, et, en général, tous les incidents de l'expertise. (*Résumé du* 10 *mai* 1849, *art.* 69.)

L'inspecteur a qualité comme le contrôleur pour rédiger le procès-verbal des expertises dont la direction lui est confiée. (*Rec. off.*, 2645, *Drianne-Lelief*, 31 *juillet* 1874.)

Les procès-verbaux des dires des experts rédigés par les contrôleurs, ainsi que les observations produites par les réclamants pendant le dépôt du dossier, continueront à jouir de l'exemption des droits de timbre et d'enregistrement : les premiers comme constituant des actes purement administratifs, et les seconds comme formant le complément de la demande primitive, laquelle a dû être soumise à toutes les formalités. Il n'en sera pas de même des rapports rédigés par les experts en dehors du procès-verbal ordinaire et des mémoires que les réclamants feraient présenter, à l'appui de leurs demandes, par des agents d'affaires ou autres mandataires. Ces rapports et ces mémoires tombent sous l'application de l'article 12 de la loi du 15 brumaire an VII et de l'article 47 de la loi du 22 frimaire de la même année, et doivent, en conséquence, être soumis aux droits de timbre de dimension et d'enregistrement. (*Circulaire du 12 février 1873, n° 524.*)

Le procès-verbal d'expertise qui a été rédigé à la mairie est valable, attendu qu'aucune disposition législative ne prescrit, à peine de nullité, de le dresser sur les lieux mêmes faisant l'objet du litige. (*Rec. off.*, 463, *Marcoul, 24 juin 1857.*)

Le contrôleur n'est pas obligé, à peine de rendre l'expertise irrégulière, de dresser le procès-verbal séance tenante. Dans l'espèce, le réclamant prétendait que le procès-verbal avait été signé en blanc par les experts. (*Rec. off.*, 2239; *Mazoyer, 25 mars 1870.*)

Les experts ne sont pas obligés de rédiger leurs rapports sur les lieux mêmes. Dans cette affaire, ils s'étaient séparés avant de les avoir rédigés. (*Rec. off.*, 2142, *Cabissole, 7 août 1869.*)

Les experts peuvent demander la faculté de rédiger eux-mêmes leurs rapports, qui seront ultérieurement annexés au procès-verbal (*Rec. off.*, 2147, *Lasserre, 1er juin 1869*). Dans ce cas, la mention que cette faculté a été demandée par les experts et qu'elle a été accordée par le contrôleur, devra être faite au procès-verbal ; de plus, les rapports ne pourront être déposés que rédigés sur papier timbré et soumis à la formalité de l'enregistrement, comme il est dit plus haut.

Si les deux experts déclarent ne pouvoir formuler leur opinion séante tenante, et demandent un délai pour se concerter ou pour préparer un rapport écrit, l'agent chargé de la direction de l'expertise pourra leur accorder, pour le dépôt de leurs rapports, un délai de cinq jours à partir de la clôture des opérations de l'expertise, et ce, conformément à l'article 113 de la loi du 2 messidor an VII. (*Rec. off.*, 2378 ; *Carabasse, 4 avril 1873.*)

Suivant l'usage de Paris, dans le cas où il est accordé aux experts un délai de cinq jours pour remettre leur avis écrit, les commissaires répartiteurs ont un délai égal pour prendre communication des rapports des experts et pour fournir les observations qu'ils peuvent avoir à présenter. En outre, lorsque les experts, d'un commun accord, jugent indispensable de proroger l'opération, les parties sont invitées à se réunir dans un délai de huitaine au plus tard. (*Art. 5, 6 et 7 de l'arrêté imprimé, employé par la préfecture de la Seine pour nomination d'experts.*)

Les procès-verbaux d'expertise sont signés sur les lieux et font mention du nombre des vacations et de la date de chacune d'elles, *ainsi que des distances parcourues pour l'aller et le retour.* Tous ceux qui auront assisté à l'opération seront interpellés de les signer, et mention sera faite de la cause pour laquelle ils n'auraient pas signé. (*Loi du 2 messidor an* VII, *art.* 221.)

Lorsqu'il a été procédé à une expertise en présence du réclamant et du maire (ou des répartiteurs), et que, les experts entendus, le contrôleur a rédigé le procès-verbal en se conformant à la loi, l'expertise est valable, alors même qu'après avoir reçu communication dudit procès-verbal le réclamant et son expert auraient refusé de le signer et d'y consigner de nouvelles observations. (*Rec. off.*, 577, *Arvet-Touvet*, 25 *mars* 1858.)

Aucune disposition de l'arrêté du 24 floréal an VIII ne frappe de nullité un procès-verbal qui n'aurait pas été lu et signé en présence de toutes les parties, qui n'auraient pas signé séance tenante, et dans lequel on n'aurait pas consigné les observations du réclamant. (*Rec. off.*, 864, *Rossignol*, 25 *avril* 1860.)

Un contribuable qui a été prévenu à l'avance du jour où devait avoir lieu l'expertise, dont l'expert a assisté à l'opération, et qui n'a formé aucune demande tendant à obtenir communication du rapport des experts, n'est pas fondé à se plaindre de n'avoir pas reçu cette communication. (*Rec. Leb.*, 20 *décembre* 1866, *Paret.*)

Si aux termes de l'article 6, § 2, de l'arrêté du 24 floréal an VIII, le sous-préfet doit joindre son avis au procès-verbal de l'expertise, l'omission de cette formalité n'est pas de nature à entraîner la nullité de l'opération. (*Rec. off.*, 464, *Othon*, 5 *octobre* 1857.)

Avant de clore le procès-verbal, il est bon de régler les vacations et les distances, afin qu'il ne s'élève ultérieurement aucune contestation sur ces points. On doit demander à chaque expert s'il entend recevoir des honoraires, et l'expérience apprend que la question ainsi posée publiquement entraîne souvent des désistements qui diminuent les frais d'expertise.

CHAPITRE XII. — *Avis du contrôleur, après l'expertise.*

Le contrôleur joint son avis personnel motivé au procès-verbal de l'expertise ; il n'est pas tenu de se ranger à l'avis des experts ou de l'un d'entre eux. (*Résumé du 10 mai 1849, art 70.*)

Le contrôleur, en donnant son avis à la suite du procès-verbal d'expertise, a pu, sans préjudice pour le réclamant, donner à cet avis la date de l'expertise elle-même, bien que cet avis n'ait été rédigé que deux jours plus tard. (*Rec. off.*, 2142, *Cabissole*, 7 *août* 1869.)

L'administration n'est pas tenue de communiquer au réclamant les nouvelles observations présentées, après l'expertise, par le contrôleur et le directeur. (*Rec. off.*, 665, *Bertheloot*, 14 *janvier* 1858.)

CHAPITRE XIII. — *Avis du directeur, après l'expertise.*

Dès que le directeur a reçu le dossier et le procès-verbal de l'expertise, il fait son rapport et le transmet immédiatement au conseil de préfecture. (*Résumé du 10 mai 1849, art. 71.*)

Aucune disposition de loi ne prescrit de donner communication au réclamant, qui a demandé l'expertise, des nouvelles observations produites par le directeur à la suite de l'opération. (*Rec. Leb.*, 23 *juillet* 1856, *Laurence.*)

Le directeur peut valablement présenter, postérieurement à l'expertise, de nouvelles observations contenant un avis moins favorable que celui précédemment émis par lui. (*Rec. Leb.*, 20 *décembre* 1866, *Paret.*)

CHAPITRE XIV. — *Contre-vérification tenant lieu de tierce expertise.*

Il ne peut être nommé de tiers expert. (*Résumé du 10 mai 1849, art. 69.*)

Aucune disposition législative n'oblige les conseils de préfecture à recourir à une tierce expertise, en cas de désaccord des experts. (*Rec. off.*, 1153, *Sarget, 14 juin* 1861 ; *et* 1506, *Lefortier, 10 janvier* 1865.)

Le conseil ne peut ordonner une tierce expertise et désigner d'office un tiers expert. Il ne peut avoir recours qu'à la contre-vérification prescrite par l'article 29 de la loi du 26 mars 1831. (*Rec. off.*, 1507, *Joseph et Maré, 28 juin* 1865.)

Le conseil peut ordonner une contre-vérification, quand il le juge nécessaire ; mais aucune disposition de loi ne l'oblige à recourir à cette opération, en cas de désaccord entre les deux experts. (*Rec. off.*, 464, *Othon, 5 octobre* 1857.)

Au cas où il a été procédé à une expertise régulière, aucune loi n'autorise le conseil, lorsqu'il estime que les résultats ne lui permettent pas de statuer en connaissance de cause, à prescrire une nouvelle expertise. Il peut seulement ordonner une contre-vérification, conformément à l'article 29 de la loi du 26 mars 1831. (*Rec. Leb.*, 8 *avril* 1868, *Grosos.*)

Si le conseil de préfecture ne se trouve pas suffisamment éclairé par l'instruction, il peut ordonner une contre-vérification, en indiquant les points à éclaircir. Aux termes de l'article 29 de la loi du 26 mars 1831, la contre-vérification est faite par l'inspecteur, ou, à son défaut, par un contrôleur autre que celui qui a procédé à la première instruction ; elle a lieu en présence du réclamant ou de son fondé de pouvoirs, et, suivant les cas, en présence du maire ou des répartiteurs. L'agent chargé de la contre-vérification dresse un procès-verbal, dans lequel il mentionne les observations du réclamant et celles du maire ou des répartiteurs. Le directeur fait un nouveau rapport, et le conseil prononce. (*Résumé du* 10 *mai* 1849, *art.* 79.)

L'article 29 de la loi du 26 mars 1831 s'exprime ainsi : « Dans le cas où le conseil de préfecture aurait jugé nécessaire d'ordonner une contre-vérification, cette opération sera faite par l'inspecteur, ou, à son défaut, par un contrôleur autre que celui qui aura procédé à la première instruction, en présence du maire ou de son délégué, du réclamant ou de son fondé de pouvoirs.

« L'inspecteur dressera procès-verbal, mentionnera les observations du réclamant, celles du maire, s'il s'agit d'une taxe, celles des répartiteurs si la réclamation est relative à une contribution et donnera son avis. Le directeur fera ensuite son rapport et le conseil statuera. »

Antérieurement à la loi du 26 mars 1831, la loi du 2 messidor, an VIII, avait dit : « (article 34) si l'administration centrale ordonne une contre-vérification par l'inspecteur de l'agence des contributions directes, l'inspecteur y procédera dans la forme prescrite pour les experts; (article 35) tout arrêté par lequel une contre-vérification sera ordonnée énoncera d'une manière précise les points sur lesquels elle devra porter; les experts ou l'inspecteur ne s'occuperont d'aucun autre objet; (article 36) l'administration centrale fixera le jour et l'heure de la descente des experts ou de l'inspecteur sur les lieux, et les experts ou l'inspecteur ainsi que le contribuable réclamant en seront prévenus *dix jours* à l'avance. Les répartiteurs le seront aussi *dix jours* au moins à l'avance en la personne de l'agent municipal ou de l'un des deux officiers municipaux désignés répartiteurs. »

Le conseil ne peut, à peine de nullité, faire procéder à une contre-vérification en dehors de l'action des agents des contributions directes (*Résumé du 10 mai 1849, art.* 80). Il n'a pu, sans excéder ses pouvoirs, la confier à un ingénieur des mines (*Rec. off.*, 2372, *Lemuth*, 15 *mars* 1872); à un maire (*Rec. off.*, 1508, *de Beurges*, 13 *septembre* 1864); à un commissaire de police (*Rec off.*, 1677. *Flogny-Tallon*, 16 *août* 1865); à un entrepreneur de menuiserie. (*Rec off.*, 1678, *Teulet*, 23 *mars* 1865.)

Le réclamant qui n'a pas été mis en demeure de se faire représenter à la contre-vérification ordonnée, n'est pas fondé à attaquer cette opération comme irrégulière, mais uniquement parce qu'il a eu connaissance du rapport de l'agent à qui elle a été confiée, et qu'il n'en a pas contesté les résultats devant le conseil de préfecture. (*Rec. off.*, 1679, *chem. de fer P. L. M.*, 15 *février* 1866.)

La contre-vérification d'une réclamation cadastrale, dont la première instruction a été dirigée par l'inspecteur, peut être confiée au même agent, sans constituer un cas de nullité. (*Rec. off.*, 54, *Lefort, 5 août* 1854.)

Il n'est pas nécessaire de communiquer au réclamant, avant la décision du conseil de préfecture, les résultats de la contre-vérification de l'inspecteur. (*Circ. nº 324-9-1ʳᵉ série* — *Armand*, 13 *avril Bull. Dup.* 1854.)

Il suffit que la contre-vérification soit faite en présence du maire et du représentant de la partie intéressée, conformément à l'article 29 de la loi du 26 mars 1831. Aucune disposition législative ne prescrit, dans cette circonstance, que communication du dossier soit donnée au requérant.

CHAPITRE XV. — *Décision du conseil de préfecture.*

Le conseil de préfecture n'est pas lié par les avis donnés dans l'instruction, ni par les estimations de l'expertise ; il adopte la base de cotisation qui lui paraît la plus juste (*Résumé du* 10 *mai* 1849, *art.* 78), ou il prend les éléments de son appréciation dans les renseignements recueillis par l'instruction en général, et fournis par l'administration, même en dehors de l'expertise. Dans l'espèce, les termes de comparaison, indiqués par l'administration et acceptés par le conseil, comprenaient un certain nombre d'établissements de même nature que celui des réclamants et situés dans différents départements. (*Rec. off.*, 2231, *Cabriniat*, 23 *mai* 1870.)

Un contribuable, sur la demande duquel il a été procédé à une expertise régulière, n'est pas fondé à se plaindre de ce que le conseil n'a pas ordonné la contre-vérification par lui demandée, attendu que la loi n'oblige pas le conseil à ordonner cette contre-vérification. (*Rec. Leb.*, 16 *décembre* 1869, *Bazas.*)

Le conseil, après expertise et contre-vérification, est fondé, s'il se trouve suffisamment éclairé, à rejeter une demande de sursis présentée par le réclamant pour faire valoir des justifications, alors surtout qu'elles ont déjà été produites et examinées. (*Rec. Leb.*, 4 *avril* 1872, *Léveillé.*)

CHAPITRE XVI. — *Des frais d'expertise.*

La loi du 2 messidor an VII a prescrit, art. 221, de mentionner dans les procès-verbaux le nombre des vacations des experts et la date de chacune d'elles ; l'arrêté du 24 floréal an VIII a ordonné que les frais de vérification et d'experts seraient réglés par le préfet, sur l'avis du sous-préfet ; enfin, le résumé du 10 mai 1849 a déclaré, art. 83, que le préfet a seul le droit de régler, sur l'avis du sous-préfet et du directeur, les frais d'expertise.

Le temps employé et les distances parcourues s'expriment en vacations. Il sera taxé aux experts, dit le code, dans le *tarif des frais en matière judiciaire*, art. 159 et 160, par chaque vacation de trois heures, quand ils opéreront dans les lieux où ils sont domiciliés ou dans la distance de deux myriamètres, savoir : dans le département de la Seine : aux artisans ou laboureurs, 4 francs ; aux architectes ou autres artistes, 8 francs ; dans les autres départements : aux artisans et laboureurs, 3 francs ; aux architectes et autres artistes, 6 francs ; et au delà de deux myriamètres, il sera alloué par chaque myriamètre, pour frais de voyage et nourriture, aux architectes et autres artistes, soit pour aller, soit pour revenir, à ceux de Paris, 6 francs ; à ceux des départements, 4 fr. 50 c.

Ce tarif ne peut, dans tous les cas, servir que d'indication.

Aucune disposition de loi ou de règlement n'ayant rendu le tarif des frais et dépens en matière judiciaire applicable aux réclamations portées devant les conseils de préfecture, le préfet n'est pas tenu de régler d'après ce tarif les frais de vérifications d'experts relatifs aux expertises sur contributions directes. Il lui appartient de faire l'appréciation, comme il le juge convenable, de ces frais, suivant les circonstances. (*Rec. off.*, 1338, *Féchoz*, 16 *juillet* 1863 *et* 2648, *Gagnebé*, 4 *décembre* 1874.

Un sieur L..., architecte, domicilié à Bordeaux, prétendait n'avoir reçu qu'une somme insuffisante (132 fr.), à titre d'honoraires, pour avoir concouru, en qualité d'expert du réclamant, à l'instruction d'une réclamation dans un autre département. Il objectait qu'il avait employé à son travail dix vacations, et que les honoraires qui lui étaient dus pouvaient être réglés d'après le tarif des frais et dépens en matière judiciaire contenu dans le décret du 16 février 1807 (*art.* 159 *et* 160 *cités plus haut*) ; qu'étant domicilié à Bordeaux, il avait droit au règlement de ses honoraires conformément au tarif établi par le tribunal de la Seine et déclaré commun aux tribunaux de 1re instance de Marseille, Lyon, Bordeaux et Rouen, et il demandait, en conséquence, que les honoraires auxquels il avait droit fussent fixés à la somme de 191 francs, savoir : 80 francs pour dix vacations à 8 francs ; 108 francs pour

frais de parcours de dix-huit myriamètres, à 6 francs par myriamètre ; 3 francs pour frais de timbre. L'arrêté attaqué portait qu'il
lui serait alloué : 48 francs pour 8 vacations à 6 francs ; 81 francs
pour frais de parcours de 18 myriamètres, à 4 fr. 50 c. par myriamètre et 3 francs pour frais de timbre : soit, au total, une indemnité de 132 francs. Le Conseil d'État a rejeté la demande, en
déclarant qu'aucune disposition de loi ou de règlement n'a rendu
applicables aux frais et dépens faits devant les conseils de préfecture les tarifs des frais et dépens faits en matière judiciaire, et
qu'en conséquence le conseil de préfecture avait fait une appréciation suffisante en maintenant à 132 francs l'indemnité due à
l'expert. (*Rec. off.*, 2147, *Lasserre*, 1er *juin* 1869.)

Un conseil ne peut, sans excéder ses pouvoirs, ordonner que
des frais d'expertise soient augmentés des frais occasionnés par les
divers autres *avant-faire-droit* qu'il a jugé à propos de prescrire.
(*Rec. off.*, 2372, *Lemuth*, 15 *mars* 1872.)

L'expertise à laquelle il est procédé n'ayant été ordonnée que
pour vérifier un point litigieux de la réclamation, les frais doivent
être mis à la charge de la partie qui succombe sur ce point. (*Rec.
off.* 2450, *Mardelle*, 27 *février* 1874 ; 2646, *Badeau*, 7 *août* 1874
et 2647, *Léger*, 4 *décembre* 1874.)

Lorsqu'un contribuable a réclamé l'expertise, et qu'une lettre par
laquelle il déclare y renoncer n'est parvenue au bureau des contributions à la mairie qu'après l'heure fixée pour l'expertise et alors
que l'opération était en cours d'exécution, les frais dus à l'expert
de l'administration doivent être mis à la charge du réclamant. (*Rec.
Leb.*, 16 *juillet* 1870, *Carvin*.)

Aux termes de l'article 17 de l'arrêté du 24 floréal an VIII, c'est au
préfet, sauf recours au ministre des finances, qu'il appartient de régler
les frais d'expertise. L'arrêté pris par le préfet dans cette circonstance est un acte d'administration qui ne peut être déféré au Conseil d'État par la voie contentieuse, et qui ne fait pas obstacle à ce
que l'expert, qui trouve insuffisants (*ou* la partie qui les trouve
exagérés) les frais alloués, porte sa réclamation devant le conseil
de préfecture, seul compétent pour statuer en premier ressort.
(*Rec. off.*, 1691, *Hacquard*, 12 *décembre* 1866.)

Aux termes de l'article 18 de l'arrêté du 24 floréal an VIII, les frais
d'expertise ne doivent être mis à la charge du réclamant qu'au cas

où la réclamation est rejetée. Ils doivent être mis à la charge de l'État ou de la commune, lorsqu'il est accordé une réduction quelconque (*Rec. off.*, 580, *Prial-Hervé, 7 avril* 1858) et même lorsqu'il n'est accordé que la réduction proposée par le directeur. (*Rec. off.*, 1337, *Leprince, 26 mai* 1863.)

Toutefois, lorsqu'une expertise a été demandée et faite dans le but unique de déterminer la valeur locative d'un établissement, et que, sur ce point le réclamant succombe dans ses prétentions, les frais de ladite expertise doivent être mis à sa charge, alors même qu'il obtiendrait un dégrèvement sur son droit fixe de patente. (*Rec. off.*, 1909, *chemin de fer de Paris à Lyon, 17 juillet* 1867.)

Les employés de chemins de fer nommés experts par les compagnies ont droit à des vacations supplémentaires pour déplacement, mais non à des frais de transport.

Le taux des frais de transport pour les experts paraît pouvoir être le même que celui fixé pour les agents des contributions directes en mission.

Le tarif des frais et dépens en matière civile n'est pas nécessairement applicable.

On doit partager les frais de voyage entre les parties quand il s'agit d'une expertise dans laquelle un expert est venu d'une ville éloignée pour faire plusieurs expertises demandées par le même contribuable, alors que les unes ont été gagnées et les autres perdues. (*Notes diverses.*)

Nota. — Il existe une autre espèce d'expertise contradictoire, ordonnée par le préfet dans les cas prévus par les lois des 17 août 1835 et 4 août 1844. Bien qu'aucune confusion ne soit possible entre cette expertise et celle qui fait l'objet de la présente notice, on pense néanmoins qu'il peut être utile de rappeler ici les dispositions législatives qui la régissent et qui s'expriment ainsi : « L'estimation des propriétés bâties, devenues imposables, est faite par les répartiteurs assistés du contrôleur ; elle sera arrêtée par le préfet qui pourra, s'il le juge convenable, faire préalablement procéder à la révision par deux experts, dont l'un sera nommé par lui, et l'autre par le maire de la commune. Cette expertise ne préjudiciera pas aux droits assurés aux contribuables de réclamer, après la mise en recouvrement du rôle, dans la forme et dans le délai prescrits par l'arrêté du 24 floréal an VIII et par la loi du 21 avril 1832. »

Lorsqu'il s'agira d'évaluer des maisons et usines nouvellement construites ou reconstruites, le contrôleur invitera les répartiteurs à faire la visite des propriétés, afin de pouvoir en fixer le revenu proportionnel et en dénombrer les portes et fenêtres avec toute l'exactitude désirable. Si une maison ne lui paraissait pas avoir été estimée dans la même proportion que les autres propriétés de la commune ou si le nombre des ouvertures n'avait pas été exactement relevé, le contrôleur en rendrait compte dans un rapport spécial que le directeur transmettrait, avec son avis, au préfet, lequel aurait à examiner s'il ne conviendrait pas de faire procéder à une révision contradictoire.

Dans le cas d'expertise ordonnée pour cet objet, un expert sera nommé par le préfet et un autre expert sera désigné par le maire de la commune. Les deux experts se rendront sur les lieux avec l'inspecteur, et après avoir fait en présence du maire les vérifications et comparaisons nécessaires, ils déclareront quelles devraient être, à leur avis, les bases de cotisation de la propriété objet de l'expertise. Les dires seront consignés dans un procès-verbal que l'inspecteur rédigera et enverra au directeur avec ses observations personnelles. Le directeur soumettra le tout au préfet qui fixera le revenu ou le nombre des ouvertures d'après lesquels la nouvelle propriété devra être cotisée; quant au payement des frais d'expertise, l'imposition en sera ordonnée par le préfet sur le rôle de la commune, si l'évaluation proposée par les répartiteurs est reconnue inexacte ; dans le cas contraire, elle sera imputée sur les fonds de non-valeurs. (*Circulaire ministérielle du 18 août 1835.*)

MODÈLE N° 1.

DÉPARTEMENT

d

ARRONDISSEMENT

d

COMMUNE

d

CONTRÔLE

de M.

Nº

DE LA RÉCLAMATION.

Art,   du Rôle.

M.

Réclamant.

MODÈLE Nº 1. (1).

CONTRIBUTION

de 18

PROCÈS-VERBAL

D'EXPERTISE CONTRADICTOIRE.

Cejourd'hui   mil
huit cent   (2) sur la requête
présentée le   18   , par M.
et tendant à ce qu'il soit procédé à une
expertise contradictoire sur l'objet de sa réclamation ;

Vu la loi du 2 messidor an VII, l'arrêté du 24 floréal an VIII et la loi du 21 avril 1832 :

(2) En exécution de l'arrêté du conseil de préfecture, en date du
                              18   , ordonnant qu'il sera procédé à une
expertise contradictoire dans les formes prescrites ;

Vu la loi du 2 messidor an VII, l'arrêté du 24 floréal an VIII et la loi du 21 avril 1832 :

Nous, soussigné,   des contributions directes à
la résidence de   chargé de diriger les
opérations de l'expertise, nous sommes transporté à la mairie de la
commune de   , où se sont trouvés réunis
à   heure du   :

M.   , expert nommé par M. le   préfet ;
M.   , expert choisi par le réclamant ;
M.   , réclamant ;
M.   , fondé de pouvoirs du réclamant ;
M.   , maire ou adjoint de la commune ;
MM.   répartiteurs ;
désignés pour assister à l'expertise.

Nous avons donné lecture de la réclamation primitive présentée par
M.   , le   18 ;
de l'avis du maire ou des répartiteurs en date du   18 ;
de l'avis du contrôleur, en date du   18 ;
du rapport de M. le directeur des contributions directes, en date du
                    18 ;

(2) Ne laisser subsister que l'une ou l'autre des deux formules, selon que l'expertise est requise ou qu'elle est ordonnée.

(1) On trouvera à l'imprimerie Paul Dupont, des formules imprimées pour ce modèle et le suivants.

(2) de la requête adressée par le réclamant le   18

tendant à ce qu'il soit procédé-à une expertise contradictoire avec l'aide
de M.   , en qualité d'expert de la partie, sur

(2) de l'arrêté du conseil de préfecture, en date du   18   ,

ordonnant qu'il sera procédé à une expertise contradictoire sur

de l'arrêté de M. le   préfet, en date du   18   , portant
nomination de l'expert chargé de représenter l'administration.
   Lecture de ces pièces terminée,

De tout quoi, nous avons rédigé le présent procès-verbal qui a été signé
avec nous par *toutes* les personnes qui ont assisté à l'expertise, sauf par
M.

   Après avoir constaté, pour le règlement des frais que M.
               , renonçait à tous les honoraires et frais, de dépla-
cement et que la distance parcourue par chacun des experts a été pour
aller et retour, de

(*Signatures.*)

ADMINISTRATION
des
CONTRIBUTIONS DIRECTES.

DÉPARTEMENT
d

CONTRÔLE
de M.

No

OBJET:
EXPERTISE
Contradictoire.

MODÈLE N° 2.

le   18

MONSIEUR LE MAIRE,

Par suite de la demande d'expertise contradictoire (1) présentée le   18   par un de vos administrés, M.

en vérification de sa réclamation sur contribution de

(1) en exécution de l'arrêté du conseil de préfecture en date du   , ordonnant qu'il sera procédé à une expertise contradictoire sur la réclamation présentée par un de vos administrés, M.

contre sa contribution de

j'ai l'honneur de vous informer que cette opération aura lieu à la mairie de votre commune le   18   ,
à   heure du

Je vous prie (1) de vouloir bien vous rendre à cette réunion, ou, en cas d'empêchement, de vous y faire représenter par M. l'adjoint, et (1) de convoquer MM. les répartiteurs pour désigner ceux d'entre ceux qui devront assister à l'expertise aux lieu, jour et heure susindiqués.

Je vous prie également de faire remettre les avis de convocation ci-joints à MM. les experts et à la partie intéressée.

Veuillez agréer, Monsieur le Maire, l'assurance de mes sentiments les plus distingués.

Le contrôleur des contributions directes,

(1) Ne laisser subsister que la formule propre à l'expertise et à la contribution.

Monsieur le maire de la commune d

ADMINISTRATION
des
CONTRIBUTIONS DIRECTES,

———

DÉPARTEMENT

d

———

CONTRÔLE

de M.

———

Nº

OBJET.
EXPERTISE
contradictoire.

———

MODÈLE Nº 3.

le   18

MONSIEUR,

J'ai l'honneur de vous informer que, par un arrêté en date du
18   , M. le   préfet vous a
nommé expert de l'administration pour procéder, conjointement avec
M.   , expert désigné par la partie,
à une expertise contradictoire sur la réclamation en dégrèvement de sa
contribution de   (1)
présentée par M.
(1) ordonnée par le conseil de préfecture dans son arrêté du
                    , et que cette opération aura lieu à la
mairie de   , le   18   ,
à   heure   du

Je vous prie, en conséquence, de vouloir bien vous rendre exactement
à la réunion susindiquée.

Agréez, Monsieur, l'assurance de ma considération très-distinguée.

Le contrôleur des contributions directes,

(1) Ne laisser subsister
que l'une ou l'autre des
deux formules selon que
l'expertise est requise ou
qu'elle est ordonnée.

A Monsieur   , *expert de l'administration.*

ADMINISTRATION
des
CONTRIBUTIONS DIRECTES,

DÉPARTEMENT

d

CONTROLE

de M.

No

OBJET ;
EXPERTISE
contradictoire.

MODÈLE Nº 4.

le   18   .

MONSIEUR,

Par sa pétition en date du   18   ,
M.
vous ayant désigné pour remplir les fonctions d'expert dans l'expertise
contradictoire qui sera exécutée en vérification de sa réclamation sur
contribution de
j'ai l'honneur de vous informer que vous procéderez à cette opération,
conjointement avec M.
expert de l'administration, et que vous devrez vous rendre, à cet effet,
le   18   , à heure du   ,
à la mairie de la commune de

Agréez, Monsieur, l'assurance de ma considération très-distinguée.

Le Contrôleur des Contributions directes.

A M.   *, expert du réclamant.*

ADMINISTRATION
des
CONTRIBUTIONS DIRECTES.

DÉPARTEMENT

d

CONTROLE

de M.

Nᵒ

OBJET :
EXPERTISE
contradictoire.

le   18

MONSIEUR,

J'ai l'honneur de vous informer que l'expertise contradictoire (1) demandée par vous en dégrèvement de votre contribution de
de
(1) ordonnée par le conseil de préfecture dans son arrêté du
18   , aura lieu à la mairie de
, le   18   , à
heure   du   , avec l'aide de M.
expert désigné par vous, et de M.
expert de l'administration, nommé par arrêté de M. le   Préfet, en date du   18   .

Vous voudrez bien veiller à ce que votre expert se rende, à cet effet, exactement à la réunion.

Vous avez la faculté, aux termes des règlements en vigueur, d'assister aux opérations des experts, ou de vous y faire représenter par un fondé de pouvoirs.

Agréez, Monsieur, l'assurance de ma considération très-distinguée.

Le Contrôleur des Contributions directes,

(1) Ne laisser subsister que l'une ou l'autre des deux formules, selon que l'expertise est requise ou qu'elle est ordonnée.

A Monsieur   *, réclamant.*

TABLE DES MATIÈRES.

MODÈLES.

">